My CALMING backpack

La mochila de mi CALMA

By María Estela Edward
Illustrated by Alynor Díaz

 snow fountain press

My CALMING Backpack

La mochila de mi CALMA

© Copyright María Estela Edward
First Edition / Primera edición, 2020

CREATED by
María Estela Edward
MEE PROFESSIONAL DEVELOPMENT CORP.

Snow Fountain Press
25 SE 2nd. Avenue, Suite 316
Miami, FL 33131
www.snowfountainpress.com

ISBN: 978-1951484538
EDITORIAL DIRECTOR
Pilar Vélez / Snow Fountain Press

CORRECTION, EDITING AND TRANSLATION
Nellie Rivera Rentas / Snow Fountain Press

DESIGN AND ILLUSTRATION
Alynor Díaz / Snow Fountain Press

GRAPHIC ASSISTANT
Marian Alcalá / Snow Fountain Press

This book belongs to:
....
Pertenece a:

_____

_____

Dedicated to parents, teachers and therapists

In this book we encourage the importance of the relationship between parents, children and siblings, enhancing the role of love, acceptance and empathy; conditions necessary to live in harmony in a diverse world in which every single human being is different.

With My calming Backpack", parents, teachers and therapists can teach children that they will face challenges in life that will put them to the test constantly, and because of that, it is important for them to learn to solve problems from an early age.

Dedicado a los padres, maestros y terapeutas

En este libro incentivamos el valor de la relación entre padres, hijos y hermanos resaltando el papel del amor, la aceptación y la empatía, condiciones necesarias para vivir en armonía en un mundo diverso en el que cada ser humano es diferente.

Con *La mochila de mi Calma*, padres, maestros y terapeutas, podrán enseñarles a los niños que en la vida enfrentarán diversos desafíos que los pondrán a prueba constantemente, por lo que es indispensable que aprendan a resolver problemas desde temprana edad.

....

MEE PROFESSIONAL DEVELOPMENT CORP.

☎ 561-577-1620
✉ meeprofessionalsdc7@gmail.com
🌐 www.meeprofessionaldc.com

Lucy is a five-year-old girl. Today, on the way to her swimming class, she feels frightened. She's trembling and feels like crying.

Lucy es una niña de 5 años de edad. Hoy, de camino a su clase de natación, se siente asustada. Está temblando y tiene ganas de llorar.

3

Her brother Melvin, who is four, yells at her saying: "Don't be silly. Don't cry over nonsense. Get out the car. I want to get to my swimming class now."

Su hermano, Melvin, tiene 4 años y le grita diciéndole: "No seas tonta. No llores por bobadas. Bájate rápido del carro que quiero llegar a mi clase".

4

Placing her hands over her ears, Lucy starts to scream while shaking her head from side to side.

Lucy empieza a gritar. Coloca sus manos en sus oídos y mueve su cabeza de un lado a otro.

Their mother, Julia, uses a glove to rub Lucy's back with soft soothing circles, which helps the little girl to calm down.

Su mamá, Julia, usa un guante de masaje y lo pasa por su espalda en forma circular muy suavemente, logrando que Lucy se calme.

6

Julia turns to Melvin and explains: "Your sister Lucy does not respond right away. She does things and reacts differently than most people".

Julia habla con Melvin y le explica:
"Tu hermana Lucy no responde de inmediato.
Ella hace las cosas de forma diferente".

Melvin takes Lucy's hand and helps her get out the car and whispers in her ear: "I will be right here to help you always. I love you."

Melvin le da su mano a Lucy para ayudarla a bajar del carro y le dice a su oído: "Yo estaré contigo para ayudarte siempre. Te quiero".

8

When Lucy stands at the pool's edge, her heart races, she trembles and shivers.

Cuando Lucy se para cerca del borde de la piscina, su corazón se acelera, tiembla y se estremece.

9

Melvin, who was splashing in the water, looks at Lucy and remembers how scared he was when he learned to ride his bike.

Melvin, chapoteando en el agua, recuerda lo asustado que estuvo cuando aprendió a montar bicicleta.

10

Suddenly, he remembered that one of his friends told him to sit down, take deep breaths, and blow bubbles with his eyes closed.

Recordó que uno de sus amigos le dijo que se sentara, respirara profundamente y soplara burbujas con sus ojos cerrados.

Feeling relaxed helped him gather the courage
he needed to get on his bike and try again.

El sentirse relajado le dio a Melvin el valor
suficiente para montarse en su bicicleta.

Melvin didn't want Lucy to feel scared and said: "Blow these bubbles before getting in and imagine you swim like a champion."

Melvin no quería que Lucy se sintiera asustada y le dijo: "Sopla estas burbujas y ahora imagina que nadas como una campeona".

13

The bubbles made Lucy feel better, and she imagined she swam just like a mermaid.

Las burbujas hicieron sentir mejor a Lucy. Mientras las soplaba, imaginaba que nadaba como una sirena.

14

After swimming class, their mother told them she would treat them to some ice cream.

Después de la clase de natación, Julia les dijo que los llevaría a comer helado.

15

The kids were happy because they were going to their favorite ice cream shop.

Los niños estaban felices porque irían a su heladería favorita.

Lucy was smiling and hugging her favorite yellow ball.

Lucy sonreía y abrazaba su pelota favorita de color amarillo.

Suddenly, Julia said: "Kids, it's going to pour down buckets. It's better to go home. I'll take you out for ice cream some other time."

De pronto Julia les dice: "Hijos, va a empezar a llover muy fuerte. Es mejor ir a casa. Dejaremos el helado para otro día".

Lucy starts to hit herself against the car's seat and wails: "Aaaaahhh."

Lucy empieza a pegarse contra la silla del carro y a emitir un sonido de: "Aaaaaahhh".

19

"Lucy doesn't like unexpected turns of events," Julia explains to Melvin.

"A Lucy le angustian las situaciones inesperadas", explicó Julia.

Melvin tells her: "Keep driving, Mom.
I'll take care of it."

Melvin le responde: "Mamá, continúa
manejando. Yo me encargo de Lucy".

21

Then, Melvin looks for a pair of headphones and puts on soft music. He places them over Lucy's ears and takes her hand in his. After a little while, Lucy starts to calm down.

De pronto, Melvin busca unos audífonos con una música suave, los coloca sobre los oídos de Lucy y toma su mano. Lucy empieza a calmarse.

22

When Lucy gets home, she goes to her room and starts arranging all her toys in a straight line. She has her own way of playing.

Cuando Lucy llega a casa, se dirige a su cuarto y comienza a colocar todos sus juguetes en una fila. Ella tiene su propio estilo al jugar.

23

Melvin came into her room, looked around, and thought about all the things that help Lucy to be calm and happy. Then, he put them in a backpack.

Melvin entró a la habitación, miró a su alrededor y comenzó a pensar en las cosas que ayudan a Lucy a calmarse. Agarró algunas de ellas y las puso dentro de una mochila.

24

Inside the backpack he placed: bubbles, headphones with soft music, a massage glove, a rubber ball, a super elastic ball, an illuminated galactic sphere, a spinning toy with lights, a rain stick, and play dough with sounds.

En la mochila guardó: burbujas, audífonos con música suave, un guante para masaje, una pelota de goma, una bola súper elástica, una esfera galáctica con iluminación, un juguete giratorio con luces, un palo de lluvia y plastilina con sonido.

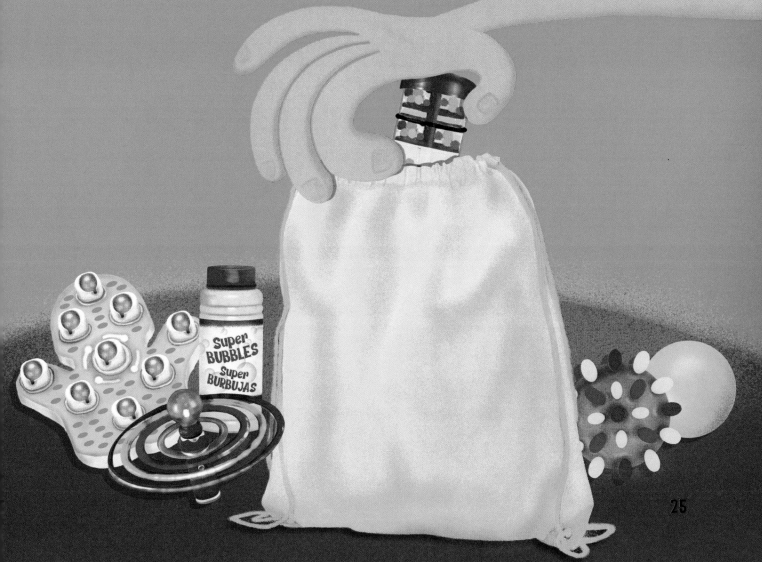

The next morning, at breakfast, Melvin gift-wrapped the bag and presented it to Lucy, saying: "Dear sister, this backpack is a special gift. I want you to keep it with you at all times. Whenever you feel scared or anxious, you will find in it something to make you feel better. We'll call it "My Calming Backpack".

Al día siguiente, Melvin envolvió la mochila en papel de regalo, y le dijo a Lucy: "Hermana, esta mochila es un regalo especial. Llévala contigo donde quiera que vayas. Cada vez que sientas miedo o angustia, **encontrarás** en ella lo que necesitas para sentirte mejor. Le llamaremos La mochila de mi calma".

About the Author
Acerca del Autor

María Estela Edward has a Master's Degree in Education with a disciplinary concentration in Special Education with a specialty in Audiology and Speech Therapy from the Enrique José Varona Superior Educational Institute.

In her 32-year professional career, Edward has worked closely with children that presented different special needs at an international level. She is the founder of two children's educational centers in the United States and has worked as a college professor for over 20 years, focused on elevating the preparedness and capabilities of early education teachers to enhance the learning experience of students in their inclusive classrooms.

María Estela Edward posee un grado de Maestría en Educación con una concentración en Educación Especial, en la Especialización de Logopedia y Audiología del instituto Superior Pedagógico "Enrique José Varona".

Durante sus 32 años de experiencia, ha trabajado junto a niños con diferentes discapacidades en el ámbito internacional. Es la fundadora, creadora y directora de dos centros de educación infantil en los Estados Unidos. Además, ha sido profesora universitaria por más de 20 años y se ha dedicado a elevar la formación y capacitación de las maestras que laboran en los salones de clases inclusivos de Educación Infantil.

Sugerencias para padres y maestros

Metodología a utilizar para la lectura en voz alta.

ESTRATEGIAS A SEGUIR:

PRIMERO: Antes de leer el libro en voz alta usted debe:

- Leer el libro con anterioridad.
- Escoger un lugar y momento apropiado.
- Motivar a los niños para la lectura. Por ejemplo: "¿Qué traigo aquí?"
- Dejar que el niño observe las partes del libro.
- Presentar tarjetas de vocabulario visual. Por ejemplo: mochila, guante, palo de lluvia, bola súper elástica, etc.
- Repetir los patrones de lenguaje y permitirle al niño hacer predicciones sobre la lectura.
- Conversar sobre la unión familiar, el amor hacia los hermanos, la solución de problemas y las distintas emociones que pueden sentir.

SEGUNDO: Al leer el libro en voz alta usted debe:

- Leer despacio y con entonación. Utilice diferentes expresiones faciales.
- Enriquecer el vocabulario de los niños haciendo énfasis en la variedad de palabras nuevas y apoyándose en las ilustraciones de cada una asociadas a la imagen.
- Conversar sobre las cosas que hacen que Lucy se comporte de manera diferente.
- Hablar sobre el amor que Melvin siente por su hermana y cómo busca soluciones para que se sienta tranquila.
- Nombrar lo que Melvin le regala a su hermana Lucy.
- Decir lo que coloca Melvin dentro de la mochila de su hermana Lucy y por qué.

TERCERO: Después de leer el libro en voz alta usted debe preguntar:

- ¿Cómo se llama la hermana de Melvin?
- ¿Qué cosas te hacen sentir ansioso?
- ¿Que te gustaría poner en tu mochila de la calma?

Recommendations for parents and teachers

Method to be used when reading out loud.

STRATEGIES TO FOLLOW:

FIRST: Before reading the book out loud, you must:

- Read the book in advanced.
- Choose an appropriate time and place.
- Motivate children for the reading: "Look what I've got here".
- Let the children look at the book's sections.
- Present vocabulary flash cards: backpack, glove, rain stick, super elastic ball, etc.
- Repeat speech patterns and allow children to make predictions about the storyline.
- Talk about family ties, siblings' love, problem solving process, the different emotions we feel.

SECOND: While reading out loud:

- Read slowly and with proper intonation. Vary your facial expressions.
- Enrich children's vocabulary by making emphasis in the array of new words and using the illustrations associated with each one as a visual backup.
- Talk about the things that make Lucy behave in a different way.
- Speak about the love that Melvin feels for his sister and how he looks for ways to help her calm down and feel better.
- Name what Melvin gives to his sister Lucy.
- Mention what Melvin places inside Lucy's backpack and why.

THIRD: After reading the book out loud:

- What's Melvin sister's name?
- What kind of things make you feel anxious?
- What would you like to put inside your calming backpack?

Next, you will find a list of materials that may go into the backpack to create something similar to what it is presented in the illustrations.

A continuación, encontrarás la lista de materiales que irían en la mochila.

Illuminated Spinning Toys: Sensory; they can help with visual perception and focus.
Juguetes giratorios con iluminacion sensorial: Pueden ayudar a la percepcion visual y el enfoque.

Headphones: Can help manage anxiety and stress when children sensible to sounds enter loud environments. They can also reduce the impact of loud noises.
Audifonos: Pueden ayudar a manejar el estrés y la ansiedad cuando los niños sensibles al sonido entran en ambientes ruidosos. También reducen el impacto de ruidos fuertes.

Massage Glove: It's perfect for soothing sore muscles and provide a unique sensory experience.
Guante de masaje: Es perfecto para relajar los músculos doloridos y proporcionar a los usuarios una experiencia sensorial única.

Whisper Phone: This article allows children to listen to their own voice up to 10 times more clearly against loud background noises.
Whisper Phone: Este artículo permite a los niños escuchar su voz 10 veces más claramente contra el ruido de fondo.

Super Elastic Rubber Ball: Reduces stress and can be used as a transition element.

    Bola súper elástica de goma: Reduce el estrés y se puede utilizar como elemento de transición.

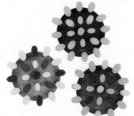

Galactic Balls with Lights: Are ideal for tactile exploration and can also be used as a massage ball.

    Esferas galácticas con luces: Son ideales para la exploración táctil y también se pueden utilizar como una bola de masaje.

Rain Stick *(Palo de Lluvia)***:** It is used to stimulate both sight and hearing senses. The grooves and beads that it keeps inside, when spin, make a sound similar to that of the rain, which is very soothing.

    Palo de lluvia: Estimula el sentido de la vista además del oído. Los recovecos y las cuentas que atesora en su interior hacen que al girarlo se oiga un sonido parecido al de la lluvia que es muy relajante.

Bubbles: Through the action of blowing bubbles, the child can inhale and exhale gently as a breathing exercise, which will help them lower anxiety levels and remain calm, all the while stimulating their imagination by watching the figures created by the bubbles.

    Burbujas: Con la acción de soplar burbujas, el niño puede inhalar y exhalar suavemente como un ejercicio de respiración que le permite bajar los niveles de ansiedad y mantener la calma, a la vez que estimula su imaginación a través de las figuras que se forman con las burbujas.

Made in the USA
Monee, IL
27 December 2020